JN409086

諷詩調詩集 · 58

# 풍諷계戒집集 · 25

박진환 제76집

지성 · 감성의 메타언어
조선문학시인선 · 394

諷詩調詩集 · 58

# 풍諷계戒집集 · 25

조선문학사

■ 책머리에

풍시조(諷詩調)는 기존의 장르에는 없는 새로운 장르의 시다.

2014년 初夏

박 진 환

박진환 제76집 / 諷詩調詩集 · 58

# 풍諷계戒집集 · 25

차례

## 지혜로운 삶인 것을

명예 · 출세 · 욕망 · 치부 등 이기 멀리하며 덜어내는 비움
사랑 · 사유 · 덕 · 한가 등 이타 가까이하며 보태가는 채움
비움과 채움의 조화로움이 오늘을 살아가는 지혜로운 삶인 것을

# 있어서

일 아베, 42개국 순방 외교를 도넛 외교라 하던데
도넛엔 버터나 치즈 말고도 설탕·초콜릿이 발라 있기 마련
해서 즐겨 먹기도 하지만, 먹기완 달리 먹히는 수도 있어서

## 더 많아서

승천 꿈꾸며 도약해온 한국기업, 용은커녕 이무기 신세 전망
거기다 향후 15년 후인 2031년쯤엔 경제 성장 정지 진단도
진단이란게 오진도 없지 않지만 오진보단 명진단이 더 많아서

## 병증

일, 아베는 역사 왜곡 · 부정이 아닌 역사 치매증 환자
헌데 치매증 환자보다 더 고약한 치매증은 역사 속에 남고 싶은 병
청진기 없어도 보이는 역사 속 인물이길 원하는 지배자들의 병증

# 코리아거든

일, 오키나와는 미 군사기지로 전락한 '군사기지의 섬'
이를 두고 한국과 닮은꼴의 기구한 운명으로 보는 시각도 있던데
그도 그럴 것이, 북·중·러 견제 군사기지화의 미국꿈이 코리아거든

# 산수에 가까워서

65세 이상 노인 10명 중 1명이 치매증상이라던데
그나마 2000년대 이후 증가 추세라니 걱정
허긴 걱정이란게 내 분수밖이지만, 내 나이 산수에 가까워서

# ???

국과수 발표에도 민심은 갸우뚱 기우는 ?

기울면 기울수록 늘어나는 ??

늘어나면 늘어날수록 꼬리에 꼬리를 무는 ???

# 현판을 걸었으면

청와대 집무실엔 옛왕조때 간판 勤政殿 현판을
또 다른 집무실엔 옛분들 말씀 좇아 王者無親 현판을
더 붙여 뭘 하겠냐만, 자리가 있다면 作文政治 현판을 걸었으면

## 펼 수 있으려나

저 미물들이 어찌 장마가 끝난걸 알고 '장마 끝'을 외쳐댈까?
비 아닌 소리로 쏟아내는 소리의 장마 맴맴맴맴, 종일 맞고도
젖지 않으니 정치불협화음에 젖어 구겨진 마음들 말려 펼 수 있으려나

## 못 면해서 · 1

죽은 유병언 사체에 영장 재청구한 검찰이나
유병언 사체 거두고도 신원파악 못한 경찰이나 꼴꼴 샘샘
꼴에 공 다툼은 이석추호 못 면해서

※ 이석추호(利析秋豪) : 공에 대해서는 매우 작은 것이라도 따진다는
일종의 조어.

# 지동지서여서

여도, 야도, 지켜보는 국민도 "검 · 경엔 맡길 수 없어"
목소리는 한 목소린데 각기 의견은 달라
허긴 의견이란게 내놓기는 좋아해도 답이 없는 지동지서여서

※ 지동지서(指東指西) : 일을 의논하는데 이러쿵저러쿵 한다는 뜻.

## 정치불신이 그래

어떤 여론조사, 총리를 김황식 · 김무성으로
국회의장은 이름도, 안철수가 새정련 대표인줄 아예 몰라
무관심인가? 외면인가? 고의적 백안시인가? 정치불신이 그래

# 복수였거든

단테의 「신곡」을 시의 복수라 했던가
허면 이상의 「종생기」나 김유정의 「동백꽃」은 소설의 복수?
단테는 귀향불능, 이상·김유정은 여성에 대한 복수였거든

# 상찬감일까?

G2 뒤로하고 북 잠수함 보유 당당히 세계 1위
등외에 꼴찌 못 면한 열외 북녘이 세계 1위라니
그것도 꼴찌였으면 싶은 것만 골라 1위니, 그것도 상찬감일까?

# 누가 저지르고 있는데

이, 가자지구 공습 명분이었던 '유대인 소년 살해' 하마스완 무관
이스라엘 경찰 대변이 밝혀, 헌데도 '짐승 같은 일 저지른
하마스에 대가 치르겠다'고? 짐승 같은 일 누가 저지르고 있는데

# 열외 됐으니

흰왜가리 · 재두루미 · 흰댕기백조 등이 홍제천 텃새로 산다
철새건 텃새건, 새야새야 조류 인플루엔자 네 탓이라니
어쩔거나, 코리아 청정국에서 열외 됐으니

# 꼴불견으로 보여서

유병언 사건 깃털 몇 개 뽑아놓고 좋아하는 검·경의 꼴이나
사생활 헤집어 독자 구미에 영합하는 언론의 꼴이나
꼴통 눈엔 꼴값하는 꼴불견으로 보여서

# 기다려보세

유병언 사인 두고 제마다들 탐정·형사·기자·작가가 되던데
유병언 겨울에 사망? 사망 아닌 생존? 시신 바꿔치기? 살해?
의문부만 제대로 풀면 노벨문학상감, 경사나겠네, 기다려보세

## 못 면해서 · 2

불은 불로, 물은 물로 맞장뜨기, 그건 지혜 아닌 오기 싸움이고
지혜의 싸움은 불은 물로, 물은 불로 끄고 뎁히기
헌데, 코리아의 대북전략은 오기 싸움 못 면해서

# 이름값 했네

코리아 5대강의 하나인 낙동강이 오염 호수로 전락
이유인즉 물 가둬 썩힌 보 때문
이유야 어쨌건 오염 호수면 똥물이란 얘기, 낙똥강 이름값 했네

# 비웃고 있는데

세월호 참사, 겨우 깃털 몇 개 뽑아놓고 초를 찾는다
몸통은 오리무중인데 촛불 밝힌다고 축제가 되나
어쩐다, 촛불 뒤에 숨어 얼굴 가린 몸통 비웃고 있는데

## 전매특허품인걸

하루걸러 일어나는 충돌·탈선·고장 못 면하는 열차사고
나라의 동력이 저 모양이니 어찌 제대로 달릴 수나 있겠나
어찌 철도뿐이겠는가, 충돌·탈선·고장이 정치 전매특허품인걸

## 정치의 힘

물비늘 번쩍이며 흘러야할 4대강이 호수로 전락
물이 흘러야 강인데 유속이 없다니, 고인 물은 썩기 마련
놀랍다, 장강을 호수로 둔갑시켜 물무덤 만든 정치의 힘

# 금융당국의 벙어리 입이라니

비자카드 사용으로 얼마든지 살 수 있는 '천송이 코트', 공인증서 탓에
못산다는 대통령 한마디에 전체 업계가 '산'으로 가게 됐다던데
구입 가능 알고도 입 못 뗀 굳어버린 금융당국의 벙어리 입이라니

# 하루나 갈지

어쩌다, "살려주세요"가 주어, "읍소"가 전매특허품이 돼버린 여
소크라테스 왈 "여자의 눈물을 보고 이를 믿지 말라" 했던가
허긴, 눈물처럼 빨리 말라버리는 것도 없어서, 눈물 효력 하루나 갈지

## 안될지?

저출산 지속 땐 코리아 2100년엔 인구 절반이 노인이란 전망
2030년대엔 한국 성장 정지될 거란 전망도 있던데
성장 멈춘 노인 천국 되면 치매천국에 자살천국 안될지?

# 정답

한국 미혼 10명 중 이성교제 3명꼴, 사귀고 싶지만 돈이 없어서
사랑도 돈 없이는 할 수 없는 세상
사랑에 울고는 옛말, 지금은 돈에 울고가 정답

## 똥만 보인다던데

'가자지구 어린이들을 죽이지 말라'고 쓴 종이를 들고
이 주한대사관 앞에 앉아있는 팔 어린 소녀의 눈에 쓰여 있는 천사
이스라엘인 눈엔 무엇으로 보였을까? 개눈엔 똥만 보인다던데

# 먼저였어야 한 것을

세월호 참사를 '교통사고'쯤으로 인식한 집권여당의 정책위의장
인식이란 어떤 관련을 가정하는 것이라지만, 아니거든
세월호 참사는 假定 아닌 苛政 탓이란 인식이 먼저였어야 한 것을

# 눈금이 없어서

자엔 눈금이 새겨져 있어 길이 · 높이 · 깊이 · 넓이를 잰다
헌데 자로는 잴 수도, 눈금으로 척도되지도 않는 잴수록 늘어나는
높고 깊어지고 넓어지는 덕, 헌데 정치잣대엔 덕의 눈금이 없어서

# 필요해서

외교에서 빼놓을 수 없는 교과서적 용어 원교근공, 먼 미·영·불과는
친하게 사귀고, 가까운 일·중·북과는 강경일변도
교과서대로도 좋지만 때와 장소에 따라 원교, 근교도 필요해서

※ 원교근공(遠交近攻) : 중국 위 때 외교정책으로 먼나라완 친하게 사귀어 놓고 가까운 이웃을 친다는 말.

# 모른가 봐

세월호 참사 증인으로 나온 학생의 증언인즉
"단순 교통사고가 아닌, 사고 후 대처가 잘못된 참사"란말
헌데 지도급 정치인 왈 '교통사고'라? 사고와 참사의 개념도 모른가봐

# 능소화

저 도둑년들, 입술째 귀가 되어 몰래 시창작 강의 도강하곤
어디론가 도강해 버린 능소화
강안 저쪽 그리던 님이라도 기다렸던 것일까? 붉힌 능소화

## 상위지

검찰, 유병언 연루자 단 한 건도 체포 못하고 끝나
반대로 경찰은 유대근·박수경 검거로 한 건 올려
한 건이 어디야, 두 건만은 못해도 0건보다야 상위지

# 장수했어

일, 아베 지지율 42%로 최저치 기록
지지율 40%인 박대통령보다 낫지만 막상막하, 도토리 키재기
키재기 할 것 없어, 굴러봐, 삼천갑자 동박삭이도 구르고 장수했어

## 비겁한 도피

나랏님도 책임통감을 언급했는데 나랏님 말씀관 달리
세월호 참사를 폄훼, '해상교통사고'로 덮으려는 저의는?
나랏님 말씀으로 보면 모순, 국민정서에서 보면 비겁한 도피

# 셋 다

반민주적인 한국정부의 정책 우려한 미 전 하원의원 데니스시쿠니치의 "한국전 때 미군 희생을 헛되이 하고 있다"는 말 우려냐? 충고냐? 비난이냐? 의문은 셋인데 답은 하나 '셋 다'

# 어찌 여유 운운을

휴가중 박대통령 "여유로움이 찾아들지 않아"가 제1성
여유란 심청신한에서만 맛볼 수 있는 것
한운야학의 시절 옛말이니 어찌 여유 운운을

※ 심청신한(心淸身閑) : 마음이 맑고 몸이 한가함.

※ 한운야학(閒雲野鶴) : 하늘엔 하가로운 흰구름, 들엔 절로 나는 학이란 뜻으로 한가를 뜻함.

# 악마?

이스라엘 가자지구 공습으로 숨진 엄마 배에서 아기 탄생
신의 축복으로 태어난 천사
허면 엄마 죽인 공습은 신의 저주이자 악마?

# 맞을 텐데

여당은 항일성 해바라기로 양성되고
야당은 야성 잃어 음성되고
아하, 음양조화 이루면 어약연비 맞을 텐데

※ 어약연비(魚躍鳶飛) : 고기가 뛰고 소리개가 나는 천지조화를 이름.

# 개판 싸움

패배보다 더 나쁜 승리도 있다는 엘리엇의 말 새겨볼만
다반사인 이기고도 진 싸움의 한국선거판, 허기진 개 고기밖에
믿을게 없다던데 정치고기 앞에 했으니 이전투구일 밖에

# 신호등 돼

7·30 보선 11대 4로 여당 압승
여당의 색채이미지 레드칼라
이번엔 레드카드로 야당의 정치위기 신호등 돼

# 재수에 옴 올라서

어떤 여론조사, 총리를 김황식 · 김무성으로
국회의장은 이름도, 안철수가 새정련 대표인줄 아예 몰라
무관심인가? 외면인가? 고의적 백안시인가? 정치불신이 그래

# 지옥 면하겠는가

이스라엘, 가자지구 발전소·학교 등 조준 포격으로 지옥화
악마에 의해 지옥이 된 가자지구, 가자가자 외쳐대도
지구엔 갈 곳이 없으니 천사인들 어찌 지옥 면하겠는가

## 껍데기였던 것을

4대강 로봇물고기, 연구성과 부풀렸다던데
풍선도 아니고 부풀릴게 따로 있지 로봇 성능을 부풀려
허긴 로봇 성능뿐이었겠나, 4대강 전체가 부풀려진 껍데기였던 것을

## 못해

녹조다, 큰빗이끼벌레다, 물고기 떼죽음이다, 꼬리에 꼬리를 무는
말썽꾸러기 4대강 보, 말썽꾸러기만이면 좋게
그 물먹고 입 비뚤어 병신되면 말썽꾸러기 짓도 못해

# 어쩐다

여당의 실정도 꼴불견, 야당의 무능도 꼴불견
두 눈 바로 뜨곤 볼 수 없어 째려보다 사시 못 면한 국민들
사시면 그나마 다행, 傲視에 기죽어 忤視 못 면하면 어쩐다

※ 오시(傲視) : 오만하게 봄.
※ 오시(忤視) : 흘겨 봄.

# 더 좋은 걸

드디어 새누리당 호남에 입성, 하프게임도 안되는 싱거운 싸움
허긴, 26년의 정치시장기 풀었으니 견설고골이면 어떻고
만식당육이면 어떠랴만, 싱겁기보단 꿀맛이 더 좋은 걸

※ 견설고골(犬齧枯骨) : 개가 말라빠진 뼈다귀를 핥는다는 뜻으로 아무 맛이 없음을 이르는 말.

※ 만식당육(晩食當肉) : 배가 고플 때는 무엇을 먹어도 맛이 있다는 말.

## 야당꼴이 딱 그래

남의 심판받기 싫거든 남을 심판하지 말라 했던가
헌데 어쩐다, 남 심판하다가 되레 남의 심판 못 면해서
정부심판 내걸었다가 되레 국민심판 못 면한 야당꼴이 딱 그래

## 승리 이상의 승리 아니겠는가

어떤 종류의 패배에는 승리 이상의 승리가 있다던데
새누리당 호남 입성, 지역타파가 곧 통일로 가는 길 아니던가
통일은 곧 염원의 실현, 어찌 패배가 승리 이상의 승리가 아니겠는가

# 병이라 했던가

병도 가지가지, 폐병 · 암 · 고혈압 · 당뇨 · 심부전 등등
허나 이는 약이나 수술로 고칠 수 있는 육신의 병, 약으로도
수술로도 고칠 수 없는 정신병 허영, 허영을 최후의 병이라 했던가

# 불러오기도 해서

화는 화를 불러오고, 악은 악을 불러오는 법
정부 심판하려다 되레 국민 심판 못 면한 야당
헌데 승리는 이와 달라서 승리 대신 패배를 불러오기도 해서

# 대인이었거든

죽은 포청천이 살아 있는 검사 100명보다 나은 것이
봐주기 · 물타기 · 눈치보기에 길들여진 소인 아닌
정의에만 길들여진 포청천은 대인이었거든

## 할 줄 알거든

한국인 민도 한단계 업그레이드 됐어, 7·30 보선 봐
여당 승리 잘해서도, 야당 패배 못해서도 아닌
오직 정도 아니면 걷지말라는 정치경고도 할 줄 알거든

# 칠흑 뒤집어 써

작은 불씨 하나 불 붙였다고 자랑하거나 좋아할 것 없어
사그라진줄 알았던 불씨, 다시 지필 줄 아는 양심에 감사해야
희망의 등불도 등지기 몫 못하면 되레 칠흑 뒤집어 써

# 꺾일 수도

세월호 참사 해상 교통사고쯤으로 몰고 가더니, 드디어
선거 승리하자 '일상으로 돌아가라는 민심'으로 정치 핸들 틀어
아직 민심으로 읽긴 빠른데 빠름 좇아 과속하다 핸들 꺾일 수도

# 얼굴값 하려는지

미, '민간인 피해를 우려한다'면서도 전쟁 예비물자 이에 팔아
두 얼굴 아닌 살인방조 · 살인공모 · 살인공범 세 얼굴
언제나 용안불개 제얼굴 지녀 얼굴값 하려는지

※ 용안불개(容顔不改) : 얼굴이 변하지 않음을 이름.

# 말 빨라지겠네

육군 28사단 윤모 일병 폭행사망사건, 가혹행위로 드러나
폭행에 쓰러지면 링거주사 놓고 다시 폭행 했다니 폭행 아닌 살인
살인이유가 '대답이 느리다'였다니 충청도병사들 홧김에 말 빨라지겠네

# 기쁨 국민께 나눠줬으면

세월호 참사, 물타기로 어물쩍 넘어갈 수도 있지만, 그리되면
국개론 또한 꼬리 감추지 않을까? 차제에 승리 그만 즐기고
전매특허품이 된 못지킨 국민과의 약속 지켜 기쁨 국민께 나눠줬으면

# 아닐지?

세월호 때 화두 '이것도 나라인가'
7·30 보선 후 화두 '이것도 야당인가' 허면 다음 화두는
야당이 없으니 여당 독주, 허니 '이것도 민주정치인가' 아닐지?

# 상상력이거든

교과서에 있으면 진리, 법에 있으면 정의, 허면 교과서에 실린 시는?
시는 진리도 정의도 아닌, 교과서나 법에 갇혀있길 거부하는
정신의 자유 · 실재의 자유인 상상력이거든

# 바람이라 했던가

받지 못한 유권자의 선택, 겸허히 받아들이며
나아갈 때를 알고 물러설 때를 아는 것이 군자의 행보
공자 왈, 군자의 덕을 바람※이라 했던가

※ 논어에 나오는 말로 군자를 풀이 바람을 맞으면 엎드림에 비유한 말.

# 몰랐구나

낭은 앞다리가 긴 반면 뒷다리는 짧고 패는 앞다리가 짧고
뒷다리가 길어 시쳇말로 언밸런스, 허니 못 면하는 낭패
옛분들 낭패 면한 지혜, 절장보단이라 했거늘, 그걸 몰랐구나

※ 절장보단(絶長補短) : 긴 것은 잘라내고 짧은 것은 보태 균형을 유지한다는 뜻으로 쓰인 말.

# 될 것을

당명은 새정친데 헌정치 못 면하다 막 내리고
새누리는 당명대로 못 면한 지역타파 거두어 이름값 하고, 허나
뭐가 걱정, 막 내렸으면 올리고, 이름값 했으면 유명세 내면 될 것을

## 것이어서

무능 · 무기력 · 무책임을 박근혜 정부의 3무정치라 하던데
사돈에 남말, 새정련은 무정책 · 무인물 · 무지혜 3무데
탓하지 말것이, 정치란 것도 빈구석 있어야 채울 수도 있는 것이어서

# 스스로인 것을

자부 · 질투 · 탐욕은 세 개의 불꽃, 마음에 불을 놓는 방화범은 자기자신
젊어선 연애, 중년엔 야심, 늙어선 탐욕, 늙은이가 빠져드는 병을
탐욕이라 한 소의가 이러하거니, 방화범도 소방관도 스스로인 것을

# 있어서

황해엔 태풍, 새정련엔 폭풍, 새누리당엔 훈풍
기류따라 풍속도, 풍향도 달리하는 풍자 돌림에 풍귀(風鬼)도 있고
풍난(風難) · 풍독(風毒) · 풍면(風勉) · 풍인(風人) · 풍진(風塵)도 있어서

# 퍼질 밖에

유병언 사망 두고 유독 유언비어가 날개돋힌 듯 퍼졌다
그도 그럴 것이 유병언에서 가운데 병자만 빼면 유언
죽을 때 유언 없었으니 유언 대신해 비어가 퍼질 밖에

# 뭘로 채우고

공기업 부채 절감분을 경기 부양으로 전용하겠다는 새경제팀 발상
궁하면 통한다, 해서 궁한 나머지 빈 나라 곳간 이 돈으로 채운다?
채운건 좋지만 공기업 부채 갚다 빈 국민의 주머니는 뭘로 채우고

# 비리비리할 밖에

철피아 소굴, 한국철도, 해서 그런가? 하루가 멀다고 터지는
열차 충돌·탈선·고장에 철피아가 저지른 비리·비리 또 비리
허니 달려야 할 철마 비틀어지고 쪼그라져 비리비리할 밖에

# 유도피안이거든

가짜가 하나도 없는 세상, 진실이 하나도 없는 사회가 유토피아?
헌데 세상은 온통 가짜에 진실 씨 마른지 오래거든
해서 악의 세계 벗어나고자 이름한 것이 유도피안이거든

※ 유도피안(遊逃避岸) : 일종의 조어로 현실을 피해 강 건너 언덕을 향하는
나그네란 뜻으로 현실도피를 이름.

# 맞은

경풍 맞은 새누리당은 연옥 같은 여름 시원스레 지내고
겁풍 맞은 새민련은 삿대 하나로 고해의 격랑 저어가고
태풍 지나자 제철 맞은 제녀들은 이슬로 목 축이며 노래하고

※ 제녀(齊女) : 매미를 달리 부르는 말.

## 진정한 승리가 아니던가

힘으로 이긴 승리를 승리의 반에 지나지 않는다 했던가
허면 돈으로 이기나? 술수로 이기나? 아니면 운수로 이기나?
어떻게 이겼건 승리를 지키는 것이 진정한 승리가 아니던가

# 피어 있다

7 · 30 일진의 선거 회오리가 계절풍으로 지나갔다
패배 뒤, 복당※이 되어버린 야당은 정적의 울타리에 갇혀 있다
울타리 가론 핏기 잃은 실망초가 드문드문 피어 있다

※ 복당(福堂) : 감옥의 이칭.

# 철면피아

이기기 위해 싸우나 지지 않기 위해 싸우나 그게 그거
살기 위해 먹기나 먹기 위해 살기나 그게 그거, 헌데 아닌 것도 있지
살기 위해 도둑질하는 도둑과 도둑질하기 위해 사는 철면피아

# 꿈을 꾼다

꿈은 이루고자 하는 꿈을 지닌 자만이 꾸는 것
이루고자 한 꿈이 없다면 굳이 꿈인들 꾸어 뭣하겠는가
꿈은 불만족의 표출이라던데, 그래선가? 자나 깨나 꿈을 꾼다

# 발걸음 멈출 밖에

보수는 변화를 싫어하고 진보는 변화를 좋아하니 양극화 필연
필연성에는 신들도 대항할 수 없다고 했던가
신들도 그러한데 하물며 힘이 없는 진보정당 발걸음 멈출 밖에

# 걸음마 수준이어서

정신만 자유면 뭘하나, 육체가 노예인데
게다가 몸과 마음 일신진구 못면하고 사는 세상
정신 따로 육체 따로 따따로, 영육일체가 걸음마 수준이어서

※ 일신진구(一身塵垢) : 먼지와 때로 속진에 더렵혀진 몸을 이름.

# 눈도 밝지

태풍도 진로를 바꿔 멀리 피해 발길 돌려버린 한반도
직진하다간 3 · 8 철조망에 갈기갈기 찢겨 상처 못 면해
괜스리 태풍 눈 달고 다니나, 북녘 핵풍 피해가는 걸 보면 눈도 밝지

# 바보가 되고 만다던데

정부도 새판짜기, 여・야도 새판짜기
개인의 시대는 지나갔다던데, 허면 집단의 시대
어쩐다 영리한 인간도 집단을 이루면 바보가 되고 만다던데

## 스타지

영화 「명량」 개봉 5일만에 450만 관객 동원
영웅숭배냐? 반일감정 카타르시스냐? 영화 사랑이냐? 돈이 많아서냐?
백수가 많아서냐? 원인이냐? 결과냐? 의문부 7개면 칠성, 허니 스타지

# 생겼으니

국회 앞 세월호 참사 유족 농성을 '노숙자'로 운운
그것도 집권 여당의 국회의원이 입에 담은 말
어쩐다, 솔구이발에 사불급설 겹치기로 뭇매 못면하게 생겼으니

※ 솔구이발(率口而發) : 입에서 나오는 대로 함부로 말을 함.

※ 사불급설(駟不及舌) : 네 마리 말이 끄는 마차라도 혀의 빠름에 미치지 못한다고 함이니 그만큼 말은 빨리 퍼지고 또 취소할 수 없는 것이니 조심해야 한다는 논어에 나오는 말.

# 못면해

노후 원전 해체산업 선진국은 급성장인데 한국은 밤중
불 밝히려다 되레 어둠 못면하면 생지옥 신세
지금이 잠깰 땐데 골든타임 새벽 놓치면 지옥 재앙 못면해

있을지?

새정련 당 깨지는 위험 감수하더라도 새 리더십 찾아야 한다?
그걸 이제 깨닫다니, 어차피 깨진거나 진배없는 처지
처지는 딱하지만 글쎄? 쑥밭 가꿀 정치 경작자가 있을지?

# 득실대니

여우는 같은 덫에 두 번 다시 걸리지 않는다던데
어쩐다, 호매지이호골지, 새 굴 파야하는 야당 신세
정치소굴 여의도엔 구미호가 득실대서

※ 호매지이호골지(狐埋之而狐搰之) : 여우가 굴을 파고 또 메운다는
뜻으로 해놓은 일을 금시 파괴함을 이름.

# 피아여서

비리 연루로 물러난 전 청와대 행정관 이번엔
로펌 공거래 팀장으로 자리 옮겨 논란의 대상
척결 대상 관피아, 아직도 건재, 이쪽 좋고 저쪽 좋은 것이 피아여서

# 죽음의 공포지구여서

가자지구 어린이에게 희망을 물었다, 답은 '그때까지 살 수 있을까요?'

물음이 되레 물음이 되어 돌아왔다

가자가자 외쳐대도 갈 곳이 없는 가자지구, 죽음의 공포지구여서

# 열없겠네

가자지구에서 철수하는 이스라엘 군대 지켜보며
외신들 '전투에선 이겼지만 전쟁에선 졌다'고
패배보다 못한 승리도 있다던데 이기고도 졌으니 열없겠네

# 야심을 가져라

패배 야당의 몸놀림이 느리다 못해 느림보 수준이다
지면 어떻고, 이기면 어떻고, 현상에 안주하고 싶어하는 눈치다
허니, 야상이 없다는 비판 못면하지, 살길은 '야심을 가져라'

# 말로는 못뽑아서

태풍이 불어도 폭풍과 돌개바람이 불어도 끄떡없는
권력의 무풍지대 관피아 적폐 제일 먼저 들고 나온 청와대가
적폐의 온상, 텃밭이라면 건재한 관피아 뿌리 말로는 못뽑아서

# 열어워서야

한국 남녀 임금 격차 OECD국가 중 단연 1위
1위가 그리 쉬운 거던가, 더구나 OECD국 중 1위면 세계 1위인 걸
헌데 어쩐다, 자랑할 수 없는 이 1위, 내자 보기가 이리 열어워서야

## 그러하지 않을까

저녁이 있는 삶은 어떤 삶일까? 따뜻한 가정이 있고
따뜻이 나눈 체온이 있고, 따뜻한 대화가 있는 잘 보내진
하루에 감사할 줄 아는, 민초들의 삶의 희망이 그러하지 않을까

# 평화를

나만의 삶이 아닌, 함께 공유하며 나누는 삶, 이기를 버리고
이타를 사랑하는, 따뜻한 체온을 건네는 삶, 생존 경쟁이 아닌
생존 전쟁에서도 삶다운 삶에로 나아가는 더불어 사는 삶의 평화를

# 인간애가 없어서

울돌목의 해전을 주제로 한 영화 「명량」이 새로 쓴 한국영화 흥행사
배경 중 '고뇌하는 이순신의 인간적 리더십'은 인간애, 인간애 없이
어떻게 영웅일 수 있겠는가, 현대 정치 리더십엔 인간애가 없어서

# 틀렸거든

세월호 가족 대책위 요구인즉 보상 아닌 원인규명, 맞았거든
원인규명 없이 선보상이면 돈으로 마무리할 생각, 세월호 특별법
미루는 걸 보면 법 아닌 돈으로 해결할 심산인데 틀렸거든

# 나오는 법이어서

여, 대기업 사내유보금 과세 놓고 고심에 고심인 듯
기업자율성 침해 알면서 OK할 수도, 그렇다고 NO할 수도, 정치란게
목적을 위해 계약한 악마의 힘에 의해 OK도 NO도 나오는 법이어서

# 유리하기 마련이어서

정치 스타처럼 부침이 심한 것도 없을 듯
여론조사에 의해 나타난 대권주자들의 뜨고 지는 순위
허긴, 與論이란게 野論보다 유리하기 마련이어서

# 꼴불견 되고

군 병영에서 빈발하는 구타·고문·치사 사건 두고
북한 정치범 수용소에서나 일어날 일들이라고 맹타
그 바람에 국방장관 핫바지 되고, 인권위는 뒷북치는 꼴불견 되고

## 선이 되는구나

돈을 지상의 모든 악의 근원이라 했던가
허면 돈을 줘도 악, 받아도 악이 되는 이치
그렇구나, 돈 없어 줄 것도 받을 것도 없으면 그게 선이 되는구나

## 요즘 이치론 그래

돈을 번뇌와 비애의 근원이라 했던가
이 이치대로라면 돈 없으면 행복
헌데, 돈 없는 행복은 불행이거든, 요즘 이치론 그래

•

**박진환** 시인은 전남 해남 출신으로 동국대 국문학과를 거쳐 중앙대 대학원을 졸업(문학박사)했다. 1960년 동아일보 신춘문예(詩)・1963년 自由文學(문학평론)으로 문단에 데뷔했고, 국제PEN한국본부 사무국장 및 이사, 한국문협 고문을 역임했다. 제9회 시문학상, 제3회 비평문학상, 펜문학상, 윤동주문학상 등을 수상했고, 한서대학교 교수 및 예술대학원장을 역임했으며 현재 월간『조선문학』발행인 겸 주간으로 있다. 중요 저서로는 시집에『귀로』,『사랑법』,『꽃시집』,『三行詩抄』Ⅰ~Ⅺ『諷詩調』,『박진환시전집』Ⅰ・Ⅱ・Ⅲ・Ⅳ・Ⅴ・Ⅵ・Ⅶ,『物神時代』Ⅰ・Ⅱ・Ⅲ・Ⅳ・Ⅴ,『동굴일지』Ⅰ・Ⅱ・Ⅲ・Ⅳ・Ⅴ,『2012년 8월』에서『2013년 7월』까지,『풍계집・1』에서『풍계집・25』까지 76권의 시집이 있고 평론집으로『한국현대시인론』,『현대시론』,『21C시학과 시법』등 다수와『한국시의 공간구조연구』,『21C 시학』,『시창작론』,『諷詩調詩學』외 다수의 역저가 있다.

•

조선문학시인선 394

諷詩調詩集・58

풍諷계戒집集・25

2014년 8월 20일 인쇄
2014년 8월 30일 발행

지은이 / 박진환
발행인 / 박진환
펴낸곳 / 조선문학사
등록번호 / 1-2733
주소 / 120-853 서울 서대문구 통일로 389(홍제동)
전화 / 02-730-2255
팩스 / 02-723-9373

ISBN 978-89-98115-84-5

정가 10,000원

•

**박진환** 시인은 전남 해남 출신으로 동국대 국문학과를 거쳐 중앙대 대학원을 졸업(문학박사)했다. 1960년 동아일보 신춘문예(詩)·1963년 自由文學(문학평론)으로 문단에 데뷔했고, 국제PEN한국본부 사무국장 및 이사, 한국문협 고문을 역임했다. 제9회 시문학상, 제3회 비평문학상, 펜문학상, 윤동주문학상 등을 수상했고, 한서대학교 교수 및 예술대학원장을 역임했으며 현재 월간『조선문학』발행인 겸 주간으로 있다. 중요 저서로는 시집에『귀로』,『사랑법』,『꽃시집』,『三行詩抄』Ⅰ~Ⅺ『諷詩調』,『박진환시전집』Ⅰ·Ⅱ·Ⅲ·Ⅳ·Ⅴ·Ⅵ·Ⅶ,『物神時代』Ⅰ·Ⅱ·Ⅲ·Ⅳ·Ⅴ,『동굴일지』Ⅰ·Ⅱ·Ⅲ·Ⅳ·Ⅴ,『2012년 8월』에서『2013년 7월』까지,『풍계집·1』에서『풍계집·25』까지 76권의 시집이 있고 평론집으로『한국현대시인론』,『현대시론』,『21C시학과 시법』등 다수와『한국시의 공간구조연구』,『21C 시학』,『시창작론』,『諷詩調詩學』외 다수의 역저가 있다.

•


조선문학시인선 394

諷詩調詩集·58

**풍諷계戒집集·25**

2014년 8월 20일 인쇄
2014년 8월 30일 발행

지은이 / 박진환
발행인 / 박진환
펴낸곳 / 조선문학사
등록번호 / 1-2733
주소 / 120-853 서울 서대문구 통일로 389(홍제동)
전화 / 02-730-2255
팩스 / 02-723-9373

ISBN 978-89-98115-84-5

정가 10,000원